PSICOPEDAGOGIA INSTITUCIONAL APLICADA

CB016024

Dados Internacionais de Catalogação na Publicação (CIP)
(Câmara Brasileira do Livro, SP, Brasil)

Fagali, Eloisa Quadros

    Psicopedagogia institucional aplicada : aprendizagem escolar dinâmica e construção na sala de aula / Eloisa Quadros Fagali e Zélia Del Rio do Vale ; ilustrações de Francisco Forlenza. 11. ed. – Petrópolis, RJ: Vozes, 2011.

    8ª reimpressão, 2024.

    ISBN 978-85-326-1090-4

    1. Aprendizagem 2. Psicologia educacional I. Vale, Zélia Del Rio do. II. Título. III. Título: A aprendizagem escolar dinâmica e construção na sala de aula.

93-2774   CDD-370.15

Índices para catálogo sistemático:

1. Psicologia educacional : Educação   370.15

**ELOISA QUADROS FAGALI e
ZÉLIA DEL RIO DO VALE**

PSICOPEDAGOGIA INSTITUCIONAL APLICADA

A aprendizagem escolar dinâmica e construção na sala de aula

EDITORA
VOZES

Petrópolis

© 1993, Editora Vozes Ltda.
Rua Frei Luís, 100
25689-900 Petrópolis, RJ
www.vozes.com.br
Brasil

Todos os direitos reservados. Nenhuma parte desta obra poderá ser reproduzida ou transmitida por qualquer forma e/ou quaisquer meios (eletrônico ou mecânico, incluindo fotocópia e gravação) ou arquivada em qualquer sistema ou banco de dados sem permissão escrita da editora.

CONSELHO EDITORIAL

Diretor
Volney J. Berkenbrock

Editores
Aline dos Santos Carneiro
Edrian Josué Pasini
Marilac Loraine Oleniki
Welder Lancieri Marchini

Conselheiros
Elói Dionísio Piva
Francisco Morás
Gilberto Gonçalves Garcia
Ludovico Garmus
Teobaldo Heidemann

Secretário executivo
Leonardo A.R.T. dos Santos

PRODUÇÃO EDITORIAL

Aline L.R. de Barros
Jailson Scota
Marcelo Telles
Mirela de Oliveira
Natália França
Otaviano M. Cunha
Priscilla A.F. Alves
Rafael de Oliveira
Samuel Rezende
Vanessa Luz
Verônica M. Guedes

Editoração e org. literária: Otaviano M. Cunha
Ilustrações: Francisco Forlenza
Capa: Omar Santos

ISBN 978-85-326-1090-4

Este livro foi composto e impresso pela Editora Vozes Ltda.

Sumário

Introdução

Momento de reflexão: Eu educador!

Dedicamos este espaço para refletir com você, educador, sobre questões que consideramos fundamentais. Questões que se distanciaram deste momento que você agora vivencia, mas que carecem ser, de tempos em tempos, retomadas e reavaliadas.

O mundo de hoje muda com uma rapidez impossível de ser acompanhada pelo ser humano. Isto às vezes nos deixa com a sensação de impotência para atuar, porém não pode nos paralisar.

Que podemos fazer?

Talvez o importante seja ficarmos atentos, reavaliando sempre que possível, buscando, dentro de nossas possibilidades, novas aquisições. Uma busca que é árdua e infinita, mas também gratificante e produtiva para o educador e de grande valia para o educando.

A formação acadêmica foi uma etapa atingida e que necessita de ampliação e continuidade através de novas construções. Não nos esqueçamos que a aprendizagem humana é um processo contínuo de transformação e que o educador colabora para o desenvolvimento dos seres humanos que vivem num mundo de mudanças intensas e rápidas.

A formação sistemática e acadêmica não se esgota na transmissão de informações, mas desenvolve o espírito de inquietação relacionado com a forma de contactar com o conhecimento, apontando caminhos para a atuação do educador no diálogo constante entre sujeito e conhecimento, na busca de transformações.

A nossa reflexão pode se desencadear a partir de algumas indagações:

– Nós educadores temos buscado e encontrado caminhos que nos levam a uma realimentação constante?

– O que realmente nos mobiliza para esta busca? Melhorar como profissional responderia completamente aos nossos anseios?

– Como é a nossa relação com o educando? A inter-relação educador-educando alterou durante a nossa história de atuação?

– O que nos é importante na inter-relação educador-educando?

– Como nos posicionamos diante da proposta psicopedagógica de integrar os desejos do educando com a informação, de articular o conhecimento do micro e do macromundos?

– Qual a importância que nós atribuímos ao desenvolvimento global da criança, incluindo as suas relações com a família?

São tantas as perguntas e tão importantes as respostas que poderíamos nos estender por páginas e páginas.

Busca... mudança... atuação... atualização... integração... desejos... conhecimento...

Todas estas perguntas e temas nos levam a múltiplas direções e construções. Nesta busca incessante deparamos com a grande contribuição das reflexões psicopedagógicas para a compreensão do processo de aprendizagem, subsidiando as possíveis interferências, seja em nível terapêutico, seja em nível preventivo.

1. A psicopedagogia na instituição escolar

A psicopedagogia surgiu como uma necessidade de compreender os problemas de aprendizagem, refletindo sobre as questões relacionadas ao desenvolvimento cognitivo, psicomotor e afetivo, implícitas nas situações de aprendizagem.

A reflexão psicopedagógica ampliou as abordagens e atuações sobre diagnóstico e interferências na aprendizagem à luz do desenvolvimento da criança, contando principalmente com as contribuições oferecidas pela epistemologia genética e psicologia do desenvolvimento afetivo.

Atualmente as construções psicopedagógicas extrapolam as questões relacionadas apenas aos "problemas" e suas pesquisas, e se dirigem para duas vertentes: a psicopedagogia curativa ou terapêutica e a psicopedagogia preventiva. A primeira tem como objetivo reintegrar ao processo de construção de conhecimento uma criança ou jovem que apresentem problemas de aprendizagem. A segunda tem como meta refletir e desenvolver projetos pedagógico-educacionais, enriquecendo os procedimentos em sala de aula, as avaliações e planejamentos na educação sistemática e assistemática.

A psicopedagogia curativa tem se desenvolvido nos consultórios onde o trabalho tem uma conotação clínica, geralmente individual. Mas estas práticas têm sido reformuladas para o trabalho em grupo, no contexto institucional como escolas, creches, centros de reabilitação e hospitais.

Considerando o trabalho na instituição escolar, identificamos duas naturezas de trabalhos psicopedagógicos: o primeiro diz respeito a uma psicopedagogia curativa voltada para grupos de alunos que apresentam dificuldades na escola. Esta é uma interferência que dá um novo sentido à recuperação. O seu objetivo é reintegrar e readaptar o aluno à situação de sala de aula, possibilitando o respeito às suas necessidades e ritmos. Esta orientação tem como meta desenvolver as funções cognitivas integradas ao afetivo, desbloqueando e canalizando o aluno gradualmente para a aprendizagem dos conceitos, conforme os objetivos da aprendizagem formal. Acompanhando de perto e supervisionando estes trabalhos temos observado que seus resultados têm sido muito satisfatórios, responsabilizando mais a instituição diante da problemática da aprendizagem escolar e instrumentalizando a equipe docente. O processo desenvolvido dentro da instituição escolar possibilita uma leitura mais próxima da realidade escolar da criança, identificando melhor os mecanismos presentes no aprender com o outro e desenvolvendo dinâmicas mais próximas da situação de sala de aula. Porém sabemos que há limites para este tipo de atendimento e que nem todos os casos se adequam a ele[1].

O segundo tipo de trabalho refere-se à assessoria junto a pedagogos, orientadores e professores. Tem como objetivo trabalhar as questões pertinentes às relações vinculares professor-aluno e redefinir os procedimentos pedagógicos, integrando o afetivo e o cognitivo, através da aprendizagem dos conceitos, nas diferentes áreas do conhecimento.

Concentrando a nossa atenção nos trabalhos em nível preventivo para o aperfeiçoamento das construções pedagógicas, podemos destacar diferentes formas de intervenção da psicopedagogia:

1. ATHAIDE, M. Cecília; RISE, M. Cristina; PRATES, Vera L. & FAGALI, Eloisa Q. Um projeto psicopedagógico na instituição escolar. In: *Revista Construção Psicopedagógica, clínica e instituição.* S. Paulo: Instituto Sedes Sapientiae, n. 1, 1992.

– Releitura e reelaboração no desenvolvimento das programações curriculares, centrando a atenção na articulação dos aspectos afetivo-cognitivos, conforme o desenvolvimento integrado da criança e adolescente.

– Análise mais detalhada dos conceitos, desenvolvendo atividades que ampliem as diferentes formas de trabalhar o conteúdo programático. Nesse processo busca-se uma integração dos interesses, raciocínio e informações de forma que o aluno atue operativamente nos diferentes níveis de escolaridade. Complementa-se a esta prática o treinamento e desenvolvimento de projetos junto aos professores.

– Criação de materiais, textos e livros para o uso do próprio aluno, desenvolvendo o seu raciocínio, construindo criativamente o conhecimento, integrando afeto e cognição no diálogo com as informações.

O presente projeto que iremos desenvolver nos capítulos seguintes tem como meta atender os dois últimos itens, abrangendo projetos pedagógicos para os professores e o material construtivista do aluno.

Este projeto já aplicado e reavaliado tem como objetivo trabalhar novas matrizes na relação de aprendizagem, desenvolvendo *novas e diferentes formas de olhar e construir*.

2. Uma nova forma de "sentir, pensar e agir" frente aos conteúdos

"A todas as gaivotas aprendizes que buscaram algo além do pão e do peixe, além da informação, e descobriram que todas as gaivotas podem, têm a liberdade e o direito de voar e criar pelo mundo do conhecimento."

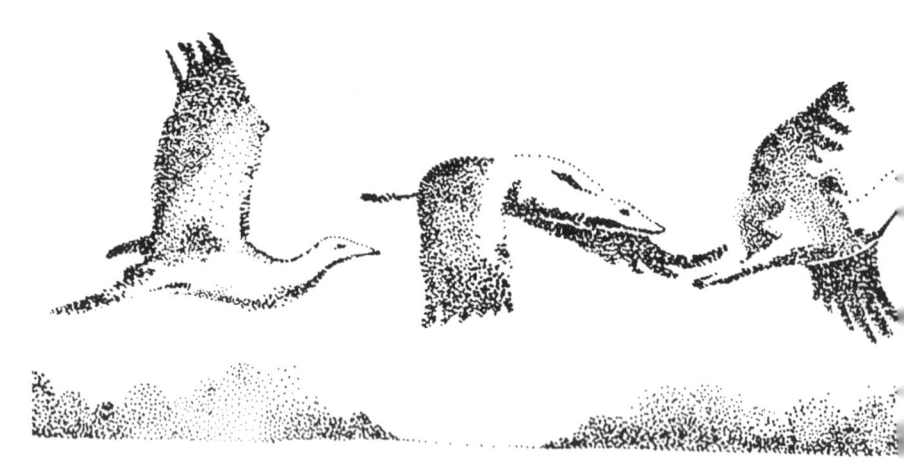

Refletindo sobre novas formas de sentir, pensar e agir em relação ao conhecimento, frente às propostas psicopedagógicas, encontramos na releitura de *Fernão Capelo Gaivota*, de Richard Bach, um sentido claro para a proposta deste projeto.

Entendemos por que, segundo Fernão Gaivota, era fácil para as gaivotas aprendizes aprenderem novos voos, mas é difícil compreender o que existia por trás deles e perceber que "cada um de nós é em realidade uma ideia da Grande Gaivota, uma ideia ilimitada de liberdade...

Nós somos livres para ir onde aprouver e ser o que somos".

Assim como Fernão Gaivota estava sempre ao lado de seus discípulos, sugerindo, demonstrando, instigando, orientando, o professor deve andar sempre ao lado de seus alunos e num ato de amor dizer-lhes como Fernão: "você é livre de ser você mesmo, de ser seu próprio eu, aqui e agora, e não há nada que possa interpor-se no seu caminho" (p. 131).

A nossa proposta psicopedagógica frente aos conteúdos tem tudo a ver com a experiência de Fernão Capelo Gaivota. O professor deve ver o aluno como uma gaivota aprendiz e se ver com a humildade de Fernão para mostrar a cada aluno que ele pode participar e construir o conhecimento. Deve mostrar-lhe que não há limites para a aprendizagem e o que vale é o prazer de "voar" ultrapassando as limitações, paciente e progressivamente. Assim como era vedado às gaivotas alçarem diferentes voos, atingirem grandes velocidades, voarem no escuro, sob pena de serem banidas do bando, também foi vedado ao aluno participar e construir o conhecimento sob pena de ser inadequado no processo de aprendizagem.

Culturalmente foi vedado ao pedagogo entrar em contato, em maior profundidade, com as emoções do aluno. Os esquemas tradicionais de aprendizagem separaram a aquisição de informações, do desenvolvimento do educando como um todo. Quebrar estes esquemas, tornar o aluno sujeito e construtor do seu processo de aprendizagem, capaz de manipular o conhecimento, ao invés de apenas recebê-lo, é o papel do professor, do pedagogo e da escola.

Ao contrário das posturas tradicionais, a proposta psicopedagógica parte do autoconhecimento e do desenvolvimento emocional do educando, passa pelo conhecimento do mundo, das relações interpessoais, integrando-as ao cognitivo na situação de aprendizagem, diretamente ligada à aquisição dos conteúdos.

É importante destacar que o papel da psicopedagogia na formação e postura dos pedagogos que atuam diretamente com o aluno tem sido ainda tímido e insuficiente devido a questões educacionais estruturais.

Entretanto, esta nova metodologia em sala de aula pode prevenir inadequações na relação do sujeito com o saber. À medida que o educando se sente de posse do seu processo de aprendizagem e se torna o polo central do mesmo, ele se mobiliza para a busca do saber.

A psicopedagogia dos conteúdos na sala de aula revoluciona a inter-relação professor-aluno.

Se de um lado o aluno é visto de um modo integrativo e participa da construção do conhecimento, de outro é indispensável uma transformação na postura do professor.

É importante que o educador tenha os cuidados necessários para permitir que a autonomia do educando avance sem que ele, educador, se sinta ameaçado e não exija mais que o aluno pode dar.

Ao facilitar e organizar o processo produtivo de aprendizagem o educador deve assegurar a todos a prática e a vivência, a possibilidade de observar e construir o conhecimento.

O trabalho psicopedagógico atua não só no interior do aluno ao sensibilizar para a construção do conhecimento, levando em consideração os desejos do aluno, mas requer também uma transformação interna do professor.

Para que o professor se torne um elemento facilitador que leve o educando ao desenvolvimento da autopercepção, percepção do mundo e do outro, integrando as três dimensões, deve estar aberto e atento para lidar com questões referentes ao respeito mútuo, relações de poder, limites e autoridade.

A orientação do psicopedagogo junto ao professor deve ser constante, discutindo não apenas as relações vinculares, mas também as que dizem respeito ao conteúdo, atuação do aluno, formas de avaliação e reação dos pais frente a essa nova postura da instituição. Desta forma o professor poderá rever constantemente a relação afetiva e as dificuldades do educando e saber esperar pela resposta e produção do aluno, independente das pressões e tensões. Trabalhar a ansiedade do aluno, dos pais, da escola e dele próprio enquanto educador.

Todos os níveis da administração escolar devem estar comprometidos com o processo e devidamente orientados para o sucesso do projeto psicopedagógico dos conteúdos.

Nesse sentido, nosso projeto procura instrumentalizar o professor, buscando as seguintes integrações:

Necessidades do micromundo. (Informação voltada para os desejos do aluno e para o cotidiano e sensibilizações que o estimulem para articular o conteúdo.)	Necessidades do macromundo. (Informações universais sobre a cultura e as ciências.)
Mundo interno. (Desejos, fantasias e possibilidades.)	Mundo externo. (Exigências, solicitações e expectativas do meio cultural.)
Articulação do pensamento enquanto processo. (Operações mentais do raciocínio.)	Informações cumulativas. (Conteúdo programático.)
Interesses do aluno. (Preferências, estilos individuais.)	Objetivos do conteúdo programático. (Assimilação, criação, memorização, produção, compreensão.)

A articulação dos aspectos afetivos e intelectuais, internos e externos, individuais e coletivos no processo de aprendizagem carece de novas matrizes, novas formas de dinâmicas que permitam esta integração.

Nós educadores não vivenciamos esse processo de aprendizagem. Portanto, para que possamos praticá-lo sem resistências é necessário antes de mais nada que experimentemos esta situação como aprendizes, vivenciando o processo nas diferentes etapas e áreas do conhecimento.

A garantia da vivência do projeto é feita através de laboratórios e dinâmicas com o professor, nos quais ele concretiza a metodologia integradora e adquire a segurança necessária para aplicá-la.

Por outro lado, isso não basta. É fundamental, na garantia da "construção" do aluno, um material complementar informativo para a manipulação do próprio aluno e adequado à metodologia integradora.

Os professores se queixam, e isto é relevante, que os livros didáticos e materiais de apoio deixam muito a desejar por apresentarem textos estáticos, autoritários, pouco participativos e distantes dos alunos, impossibilitando a integração já mencionada.

Levantadas estas questões, para se atingir uma nova forma de "sentir, pensar e agir" frente aos conteúdos, por parte dos alunos e professor, o projeto fornece como material complementar "cadernos construtivistas com textos sensibilizadores e participativos que trazem no conteúdo e construção a coerência da metodologia integrativa construtivista, que sensibiliza o aluno para a leitura, convida-o a lançar hipóteses e a participar da construção do conhecimento.

3. Fundamentos psicopedagógicos da abordagem integrativo-interdisciplinar

A metodologia que visa integrar o universo do aluno com as informações e os conceitos desenvolvidos nas diferentes áreas de conhecimento tem como construto teórico uma abordagem integrativa que enfatiza a construção do conhecimento, a valorização da sensibilização e da ampliação da percepção, a importância da dinâmica inter-relacional na aprendizagem em grupo e o valor da simbolização.

As referências teóricas que fundamentam estes princípios básicos da metodologia seriam: *o construtivismo, o enfoque de Pichon Rivière sobre o aprender como uma prática em grupo, as abordagens gestáltico-pedagógicas e as contribuições sobre a simbolização e as quatro funções de Jung.*

O construtivismo

O construtivismo enfatiza a construção do pensamento, valorizando no aprendiz o ser ativo que usa as operações do pensamento e a criatividade no contato com as informações. O conhecimento é esta construção ativa do pensar, e não a assimilação passiva da informação, a mera reprodução. A problematização é uma condição importante no aprendizado, gerando novas hipóteses, interpretações, buscando novas sínteses através do conflito. Numa concepção dialética, as sínteses são sempre consideradas provisórias e portanto abertas a novos confrontos.

Raths, em sua obra *Ensinar a pensar,* ressalta algumas modalidades para colocar em ação o raciocínio que ele denomina de operações:

– Comparar, isto é, relacionar quanto a diferenças e identidades.

– Resumir no sentido de buscar as essências através de critérios, reduzindo as construções.

– Observar, desenvolvendo o ato de perceber, centrar, explorar.

– Classificar numa tentativa de categorizar, definir e explorar a natureza de critérios na busca de identidades.

– Interpretar, ou seja, atribuir e negar sentido, dar significados sob vários ângulos e diferentes condições.

– Criticar para julgar, fazer avaliações segundo critérios éticos, estéticos, sociais, psicológicos, utilitários e hedonistas.

– Hipotetizar fazendo proposições apresentadas como possíveis.

– Compor e organizar os dados, planejando, resgatando partes e o todo.

– Transferir no sentido de aplicar o aprendido a novas situações e contextos.

– Decidir, aprendendo a tomar posições e justificar valores atribuídos.

Poderíamos ampliar a estas operações a *seriação*, capacidade de estabelecer uma graduação ou uma cadeia articulada de fatos e símbolos, e a *implicação*, possibilidade de deduzir fatos anteriores, consequências ou complementar qualquer conclusão implícita na informação.

Concluindo: o construtivismo vem valorizar de um lado a *relativização* no ato de interpretar, desenvolvendo as diferentes formas de olhar o fenômeno, e de outro enfatiza o *interacionismo*, quando afirma que o fato ou o aluno isolados não expressam o aprender. A aprendizagem é o resultado da complementaridade aluno-professor-conteúdo, fato-contexto, eu-mundo.

Contribuições de Pichon Rivière sobre o aspecto social do aprender

A importância do aprendizado em grupo, enfatizado por Pichon Rivière, vem ampliar o projeto no sentido de não se prender a um psicologismo e uma redução da individualidade no "ensinar". O conceito de aprender, para Pichon, implica numa relação dinâmica e dialética do homem no contexto social. Considera o homem como um ser de necessidades que só se satisfaz socialmente. O homem é um ser social, produzido e produtor do contexto em que ele está. É um homem concreto numa situação concreta, num interjogo de necessidades e satisfações. Nas relações de produção o homem emerge como sujeito, com uma forma de pensamento, sentimento e ação. Numa sociedade capitalista o homem sente e pensa com esquemas fragmentados, e este sujeito mantém o sistema, a ideologia, adaptando-se passivamente, alienando-se ou podendo, através de uma adaptação ativa, rever esta matriz de "estar no mundo" e reconstruir novos vínculos, novas formas de relação. É nesta proposta de "não reproduzir" as matrizes anteriores que impedem a transformação que Pichon resgata a aprendizagem como transformação: "Tenho que agir, tenho que refletir, incorporando teorias que expliquem a minha ação, e aí posso transformar". O processo inclui experiência, conceitualização e mudança. A proposta de modificação é sempre no "aqui e agora", pois nele está o passado, presente e futuro. O grupo é o espaço onde se aprende a pensar com novas matrizes, explicitando os padrões passados já interiorizados e que muitas vezes geram resistências às mudanças. O grupo é o real contexto do aprender. O "grupo operativo" é o grupo que se propõe, através de tarefas, a aprender a pensar, operar uma dada realidade, fazer crítica e autocrítica, explicitando os medos para as mudanças, integrando teoria e prática. Mas para aprender é necessário tornar explícito o que está implícito – medos, vínculos internos – tomando consciência das resistências para poder superá-las. Este processo se desenvolve através da dinâmica do grupo, no jogo de papéis, lidando com as projeções, diferenças, limitações e reais possibilidades.

Nesta abordagem é muito importante o exercício de diferenciação na identificação de papéis, buscando maiores flexibilidades da percepção e ação.

Valorização da percepção e sensibilização conforme a abordagem Gestáltico-pedagógica

A gestalt enfatiza a necessidade de se trabalhar a flexibilidade do perceber, olhar, ouvir e sentir de maneira geral, num jogo incessante de figura e fundo. As artes e a sensibilização ampliam as percepções e sensações, trazendo para o aqui e agora toda experiência passada significativa. Estes aspectos são contribuições fundamentais, pois valorizam a exploração da percepção sob todos os ângulos possíveis e ampliação das expressões do indivíduo, do não verbal ao verbal. Esta abordagem fenomenológica vem resgatar a visão do todo e a importância da relação interpessoal no aprender.

O valor da simbolização e da dinâmica entre as quatro funções: pensar, intuir, sentir, perceber.

Aprender também é lidar com a simbolização, buscando na sua construção a dinâmica dos opostos, a integração do inconsciente com o consciente. Aprender é lidar com os mitos e neles buscar o sentido do que se repete e, do que não muda e do que transforma. Aprender é simbolizar, no contato com o mundo, articulando as quatro funções básicas de contato: a intuição, o sentimento, a sensação ou percepção e o pensamento. Estas contribuições para o nosso projeto são oferecidas pela abordagem de Jung, que também enfatiza a arte como grande possibilitadora na construção simbólica coletiva e individual.

4. A metodologia integrativa: da sensibilização aos conteúdos programáticos escolares

O procedimento para a aplicação do projeto requer a realização de vivências junto aos professores e orientadores, no sentido de garantir as seguintes condições:

– Aprender em grupo numa vivência interdisciplinar.

– Integrar sensações-sentimentos-pensamentos-intuições no desenvolvimento dos conceitos, nas diferentes áreas de conhecimento.

– Vivenciar e ampliar sensibilizações e dinâmicas de grupo para desenvolvimento das percepções e operações do pensamento.

– Integrar as artes às ciências.

– Desenvolver os conteúdos programáticos integrados à vida, às sensações e aos sentimentos.

– Vivenciar e refletir sobre "como trabalhar" a partir de um conceito-tema-gerador.

– Aplicar as operações mentais, as formas de raciocinar no diálogo com os conteúdos acadêmicos.

O projeto consta de várias etapas que culminam com a construção de atividades integradoras realizadas pelo próprio aluno.

1ª etapa – Escolha do tema integrador no diálogo professores-alunos, numa busca de um conceito amplo que abarque vários fenômenos.

2ª etapa – Desdobramento do tema para articular com os interesses e necessidades do aluno e com os conteúdos específicos nas diferentes áreas.

3ª etapa – Desenvolvimento das sensibilizações:
· Sensibilização geral, ampliando a percepção e associando o tema à vida, à existência e às necessidades do aluno.

· Sensibilização específica, articulando a sensibilização geral às dinâmicas mais específicas relacionadas com os temas e conteúdos das diferentes áreas de conhecimento.

4ª etapa – Ponte da sensibilização com o conteúdo: Aplicação dos textos-pontes e cadernos construtivistas para articular as sensibilizações específicas, os desejos, as necessidades, o conteúdo significativo com o conhecimento formal e informal.

5ª etapa – Construções simbólicas através das artes: Desenvolvimento do conteúdo sistemático através das diferentes expressões artísticas, articulando-as com os conceitos verbais aprendidos.

6ª etapa – Sistematização da informação utilizando diferentes formas de pensar e organizar. Produção criativa dos alunos: projeto final.

Procedimentos sobre o tema integrador

Os conceitos implícitos no tema devem:

– Permitir a articulação com os interesses dos alunos.

– Possibilitar uma visão dinâmica e não estática do conhecimento e da ação humana.

– Expressar um mecanismo que esteja implícito em qualquer fenômeno estudado e que se associe a uma visão dinâmica da experiência e do conhecimento.

A partir desse tema integrador-gerador procura-se um desdobramento de questões e conceitos expressos em temas específicos que se associem às necessidades do aluno e aos conteúdos específicos.

Para exemplificar melhor esse processo vamos analisar a natureza do tema escolhido no presente projeto: "As diferentes formas de olhar". Este tema surgiu do diálogo entre professores e alunos, quando problematizavam sobre as diversas formas que as pessoas interpretam e observam o outro em grupo e na sociedade. Esta é uma questão que traz em si uma visão dinâmica e dialética relativizando a interpretação, além do que pode ser aplicada em qualquer vivência do aluno. Outro aspecto que merece atenção é o fato de que pode ser aplicado a qualquer fenômeno científico, histórico, matemático e literário.

Considerações sobre a sensibilização

A sensibilização, considerada como situação-geradora de integração, é a que denominamos de *sensibilização geral*, e que tem como objetivo trabalhar a postura, atitudes e percepções do aluno. Geralmente são dinâmicas onde estão muito presentes as atividades não verbais, jogos, artes, trocas de papéis e projeções. No exemplo sobre "As diferentes formas de olhar" aplicou-se jogos coletivos onde se trabalhavam os vários ângulos de observação de um mesmo fenômeno. Discutiam-se as formas de olhar, as resistências, os medos diante das diferenças de interpretações, a dificuldade de aceitar o diferente.

Esta sensibilização geral pode ser desenvolvida por um orientador ou um dos professores que mais se identifique ou se sinta enriquecido com o tema. Cada área desenvolve então as *sensibilizações específicas* apropriadas para integrar melhor com o conteúdo. Estas atividades visam uma ampliação do conceito em cada área de conhecimento, com cada objeto de estudo: história, matemática, língua portuguesa, geografia. As referidas dinâmicas são muito enriquecidas com a linguagem artística, integrando o intuitivo ao lógico, o sentimento ao pensamento.

Articulação da sensibilização com as informações científicas

Neste projeto, vários recursos sobre *como dinamizar* foram desenvolvidos para que pudessem ser vivenciados e aplicados pelo professor. Os textos-ponte integrando artes-ciências, conteúdo sistemático-conteúdo assistemático, sentimentos-reflexões, criação-formalização são fundamentais para as projeções dos sentimentos do leitor, articulando-as com as reflexões, a criação e a formalização.

As construções conceituais, inicialmente mais abertas, vão canalizando para informações mais específicas, levando gradativamente para a organização e sistematização dos conteúdos, através de operações tais como: seriação, classificação, implicações lógicas e composições do fenômeno estudado.

As elaborações culminam com ilustrações dos alunos, composições literárias, pesquisas, sempre associadas a recursos simbólicos não verbais.

Para entendermos esse processo nas suas etapas vamos detalhar a evolução do projeto "As diferentes formas de olhar".

5. Amostra de um projeto psicopedagógico mobilizado pelo tema: As diferentes formas de olhar

INTRODUÇÃO: SENSIBILIZAÇÃO GERAL

Diálogo com as imagens

A imagem será apresentada para o aluno na forma de um quebra-cabeça, convidando-o a fazer associações, hipotetizar e construir progressivamente o todo da mensagem que se refere às diferentes interpretações de uma realidade.

Procedimento

1º momento

"Observem esta cena. Fiquem atentos às expressões dos personagens. O que vocês imaginam que esteja passando? Qual é o clima da situação?

2º momento

Observem agora este público. O que estão assistindo? Qual o clima da situação?

3º momento

É possível imaginar que o primeiro público e o segundo público estejam assistindo a mesma coisa? Por quê?

Vamos então lhes mostrar uma parte da cena que o primeiro público está assistindo. É sobre um projeto hidrelétrico.

Ajuda a vocês perceberem alguma coisa?

4º momento

Pois bem, vamos lhes mostrar uma parte da cena que o segundo público está assistindo:

5º momento

E agora? Dá para deduzir se a cena é diferente ou igual para os dois públicos? Vamos completar o todo:

A que conclusões vocês chegaram? Bem, se vocês juntarem as partes mentalmente, perceberão que a cena é a mesma. Mas, por que os dois públicos reagem de formas tão diferentes? Talvez se colocarmos alguns detalhes complementares lhes ajudem:

Como vocês poderiam associar as diferentes reações dos públicos com as diferenças de valores?

6º momento

Observem agora a ilustração na íntegra. Vamos descobrir a relação da mensagem com o tema "as diferentes formas de olhar e sentir a realidade".

Vamos discutir também como vocês podem associar a experiência do quebra-cabeça com o que vocês vivenciaram: as diferentes hipóteses que surgiram no grupo.

29

Transferência para novas situações

Observando estes pensamentos reflitam e respondam quais deles se identificam com a experiência vivida:

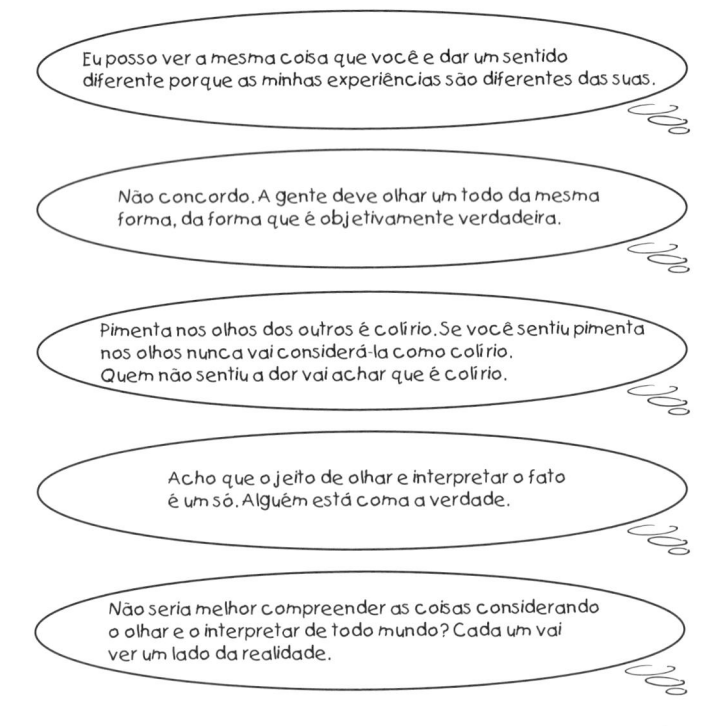

Eu posso ver a mesma coisa que você e dar um sentido diferente porque as minhas experiências são diferentes das suas.

Não concordo. A gente deve olhar um todo da mesma forma, da forma que é objetivamente verdadeira.

Pimenta nos olhos dos outros é colírio. Se você sentiu pimenta nos olhos nunca vai considerá-la como colírio. Quem não sentiu a dor vai achar que é colírio.

Acho que o jeito de olhar e interpretar o fato é um só. Alguém está com a a verdade.

Não seria melhor compreender as coisas considerando o olhar e o interpretar de todo mundo? Cada um vai ver um lado da realidade.

Identifiquem agora, no seu dia a dia, quando vocês vivem uma situação parecida com o que acabamos de discutir.

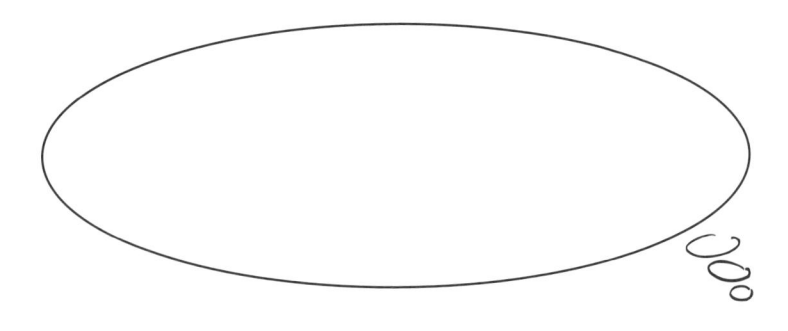

Desenvolvimento de projetos específicos

Projeto 1

Área: língua portuguesa

População: básico para 4ª e 5ª séries e complementar para 6ª a 8ª séries.

Conteúdo: redação – estilos de comunicação; gramática – diferentes funções gramaticais: substantivo, verbo, adjetivo.

Tema gerador: "as diferentes formas de olhar".

Procedimento:

1ª etapa – sensibilização específica

Mostrar uma mesma ilustração separadamente para quatro grupos diferentes, dando a cada grupo um comando específico. Os grupos ignoram que a ilustração apresentada para eles é a mesma e que os comandos são diferentes.

Grupo 1: Olhem esta ilustração com o coração, falando apenas dos sentimentos presentes na situação, avaliando o que é prazeroso e o que não é.

Grupo 2: Olhem esta ilustração, descobrindo e explicando as causas e consequências presentes na situação observada.

Grupo 3: Utilizem todos os seus canais sensoriais: audição, visão, etc. Fiquem atentos às cores, formas, movimentos, sons, luminosidade e tentem descrever as características das personagens, do espaço e tudo que está presente na ilustração.

Grupo 4: Olhem para a ilustração e façam associações com imagens de outras situações que vocês se lembram. Procurem lançar hipóteses futuras sobre os fatos observados.

2ª etapa – expressão escrita

Escrevam um texto de acordo com o que observaram.

3ª etapa – comunicação oral entre grupos

Cada grupo apresenta sua produção, enquanto os demais tentam deduzir, através do que foi comunicado, a ilustração original. A dinâmica se desenvolve de modo a discriminar as diferenças e os elementos comuns nas diversas interpretações, identificando o uso das funções intuitivas, do sentimento, do pensamento e da percepção.

A discussão é encaminhada no sentido de levar os alunos à descoberta de que a ilustração era a mesma para todos os grupos. Conclui-se sobre as diferentes formas de expressar uma mesma realidade através de diferentes estilos.

4ª etapa – transferência para outras situações

– Extrapolação para o micromundo:

• Dentre os estilos trabalhados, com qual você se identifica?

• Pensando em pessoas com estes estilos, com qual delas você teria dificuldades de se comunicar? Por quê?

– Extrapolação para textos literários sobre a ambiguidade das palavras (ver anexo).

– Extrapolação para a gramática:

• Vamos falar com o duplo sentido das palavras pensando nas diferentes funções que exercem na frase? Observem então esta palavra:

FANTÁSTICO

· Componham uma frase com ela incluindo estas outras palavras:

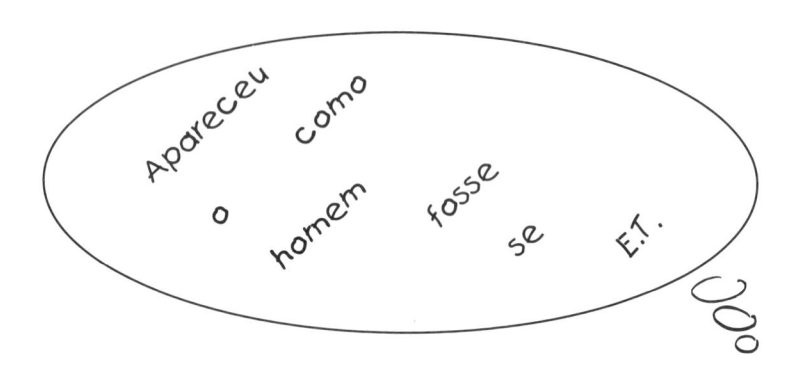

· Após montar o quebra-cabeça, descubram se a palavra "fantástico" tem a mesma função de se relacionar com este outro quebra-cabeça que montaremos a seguir:

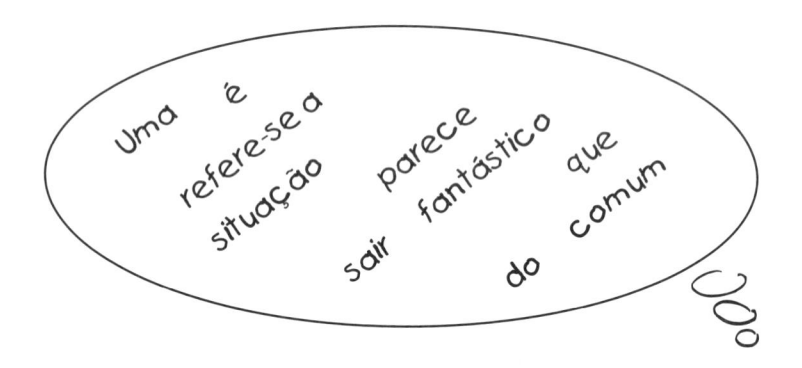

• Em que frases vocês relacionaram "fantástico" a substantivo e a adjetivo?

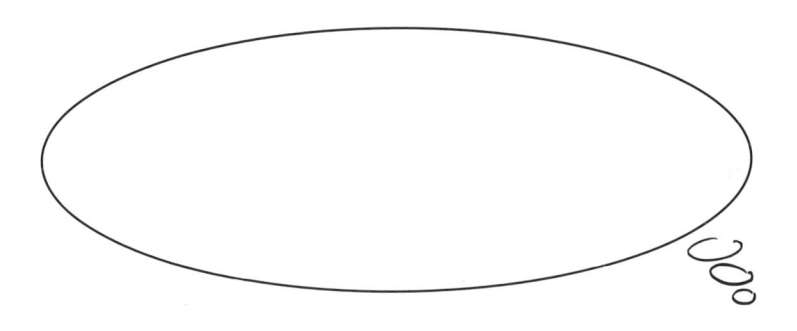

• Inventem outros jogos, como por exemplo: "O verbo que virou substantivo".

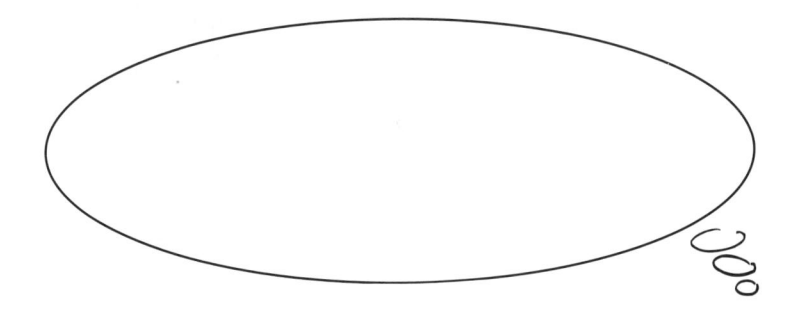

Projeto 2

Área: história
População: básico para 5ª e 6ª séries.
Conteúdo: colonização brasileira, o índio e o negro.
Tema gerador: "as diferentes formas de olhar".

Procedimento:

1ª etapa – sensibilização específica

Problematização: "Será que diferentes pessoas enxergam um objeto ou um fenômeno da mesma maneira?"

Mostrar uma ilustração: Observem esta personagem e imaginem que diferentes pessoas, com diferentes interesses e pensamentos, olham e se comunicam com ela.

Agora observem esta imagem.

O que você acha que este personagem está pensando em relação ao anterior?

Vejamos algumas formas de olhar a primeira personagem:

Observando esta ilustração imaginem como a personagem está dialogando com o índio:

Vejamos agora outra personagem. É diferente a forma de olhar para o índio?

Observem as próximas ilustrações.

Vejamos agora este outro personagem dialogando com o índio:

Quais as formas que o índio olha o branco? Observem as ilustrações abaixo!

2ª etapa - transferência para outras situações

- Reflexões, discussões orais e coletas de opinião:
• Como vocês acham que o índio se sentia antes da chegada do branco?
• O que pretendia o branco em relação ao índio?
• Como o índio dialogou com as pretensões do branco?
- Extrapolação para o social-atual
A atuação do governo brasileiro em relação à ocupação da Amazônia segue um modelo capitalista e visa a exploração de minérios, causando grande prejuízo à população indígena em benefício de grupos econômicos brasileiros e multinacionais.

Além da invasão em grande escala de multinacionais a partir de 1970, o Projeto Calha Norte, que veio a público em 1986, é um plano de ocupação militar que prejudicará a população indígena de Roraima ao Acre.

(PREZIA, Benedito HOORNAERT, Eduardo. *Esta terra tinha dono.* São Paulo: FTD)

- Extrapolação para um outro fenômeno histórico
• Que outro tema tem a ver com este fenômeno?

• Em que outro tema o personagem vive a mesma situação?

Observem esta ilustração. Que associações vocês podem fazer com as vivências do índio?

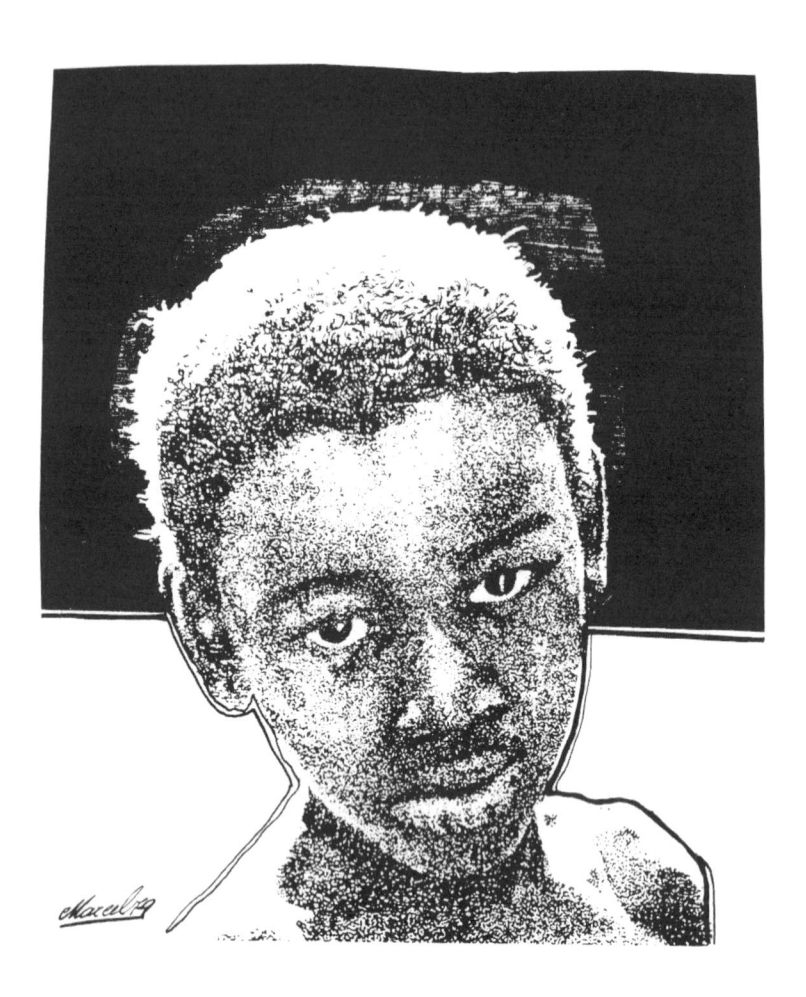

Pensem agora na atualidade. Olhem estas imagens e reflitam como vocês poderiam relacionar o personagem negro com a situação que vivemos na primeira sensibilização:

– Extrapolação para o micromundo

• Nas condições do negro ou do índio, o que vocês fariam?

• Que papel vocês acham que o negro ocupava em sua comunidade?

• É semelhante ao papel de vocês?

• Nas suas relações, onde está o negro?

• Vocês têm professor negro?

• Na sua família tem algum negro?

• Vocês têm amigos negros?

• Vocês têm colegas negros na escola?

- Vocês conhecem uma pessoa branca que namora ou é casada com uma pessoa negra?
- Vocês conhecem negro que tem carro? Quantos? Curso superior?
- Nas categorias profissionais existentes na sociedade brasileira, onde é mais frequente a presença do negro?

– Extrapolação para a história do Brasil – conteúdo formal

- Como o negro foi trazido para o Brasil?
- O que vocês acham da posição do negro na sociedade brasileira?

Texto: Expressem simbolicamente o que vocês captaram destes textos:

Texto 1: ampliação do tema para o social distanciado no tempo.

Texto 2: ampliação do tema para o social atual.

TEXTO 1

A escravidão do negro no Brasil

A colonização brasileira inicialmente enfrenta sérios problemas de mão de obra. A primeira tentativa usa o índio, porém enfrenta problemas de adaptação à vida sedentária e da posição contrária da Igreja.

Portugal já tinha experiências anteriores da escravização do negro africano em ilhas de Açores e Madeira, portanto expandiram o comércio de escravos para o Brasil por volta de 1550.

Os portugueses iam em busca de escravos na África, onde semeavam a ganância, cobiça e a discórdia entre os nativos. Desta forma conseguiam que os próprios negros vendessem seus irmãos. Esta situação criava uma verdadeira insegurança entre os africanos e consequentemente rebaixamento da autoestima.

Os negros eram arrancados violentamente da sua cultura e vendidos. Vindos principalmente de Angola, Congo e Luanda para trabalhar na cultura da cana e mais tarde na mineração, os negros desembarcam nos portos da Bahia, Rio de Janeiro e Pernambuco.

O negro – desde a captura, a viagem até a fixação na colônia – vai perdendo sua identidade, liberdade e condição humana, obrigado a trabalhar e submetido à exploração e maus-tratos.

Após a captura, as miseráveis condições de viagem, os maus-tratos, a falta de higiene submetiam o negro a penoso martírio.

Na situação de escravo ingressa na colônia distante. Terra nova, novos costumes, nova língua provocam um desajustamento estrutural profundo. O negro não tinha mecanismos para absorver psicológica e socialmente as frustrações. Um verdadeiro peixe fora d'água.

Teve que abrir mão de seus usos e costumes e adaptá-los à cultura brasileira. As suas contribuições na culinária, religião, costumes, música, entretanto, se fizeram à custa de duras penas.

A alforria (libertação) era rara, e quando acontecia era por grande serviço prestado ao Senhor ou porque a crise econômica impedia o Senhor de vendê-lo ou sustentá-lo.

O negro não era um espectador pacífico ao desenvolver dos fatos. Forçou a permanência de seus costumes, embora os adaptasse à cultura colonial enfrentando toda sorte de preconceitos.

O sincretismo das tradições e costumes negros e brancos se fez sob forte preconceito e sob a perda das características estruturais da cultura negra.

As tentativas negras de romper a estrutura escravista no Brasil foram sufocadas pelo poder do branco. Os quilombos eram comunidades de escravos fugidos e constantemente eram invadidos e destruídos pelo branco.

A miscigenação com índios e brancos foi intensa, porém o preconceito impediu a ascensão econômica e social do negro e do mulato.

A condição de escravo arruinou os estímulos de um povo originariamente forte e valente, destruiu suas características culturais.

TEXTO 2

A situação do negro hoje no Brasil

A abolição da escravatura iniciou um processo de marginalização no "negro livre" na sociedade brasileira, desencadeou a vadiagem, a pilhagem, a prostituição, com consequências que permanecem até hoje.

Os negros trabalham em liberdade há um século, porém dados do IBGE de 1988 informam que os negros sabem pouco, ganham mal e morrem cedo.

Ninguém gosta de lembrar que teve um bisavô escravocrata e ninguém faz alarde de ter tido um bisavô escravo.

O negro hoje é discriminado, não tem possibilidades de ascensão social, de educação, vive consequências do preconceito e do racismo.

A população negra se dedica a serviços braçais, de menor remuneração, ocupa as camadas inferiores da sociedade; 60% da população pobre é negra.

Em qualquer setor profissional, na mesma categoria, o salário do negro é inferior ao do branco.

3ª etapa – Projetos dos alunos

Trabalho de grupo – sugestões de temas

– Qualquer povo nestas condições e com essa história teria os mesmos problemas dos negros?

– A luta do negro pela igualdade hoje: Movimento de libertação.

– Pesquisem nas manifestações musicais onde aparece o valor da cultura afro (sugestão: Gilberto Gil).

Projeto 3

Área: matemática

População: básico para a 4ª e 5ª séries e complementar para 6ª a 8ª séries.

Conteúdo: a relatividade do número, o valor posicional.

Tema gerador: "as diferentes formas de olhar".

Procedimento

1ª etapa – sensibilização

Olhem esta ilustração e descubram por que a criança mudou de ideia ao olhar a tabela de valores, no final da história.

– O que esta história nos transmite sobre o valor do número, dependendo do valor de sua posição?

2ª etapa – transferência para outras situações

– Como vocês podem relacionar o valor posicional numérico com a questão da moeda?

Um mínimo de alteração na ordem altera totalmente o valor. Qualquer falta de atenção pode nos complicar ou nos deixar confusos, principalmente quando queremos comprar algo.

Mas o valor pode ser relativo em relação a outros contextos. Por exemplo, diante da flutuação do nosso sistema monetário, no justo momento de mudança e tensão.

– Extrapolação para o conhecimento dos sistemas de numeração

• No nosso sistema indo-arábico o valor do símbolo depende de sua posição.

• No nosso sistema de numeração não é necessário criar novos símbolos para dez, cem ou mil. Na representação desses números um mesmo sinal aparece em posições diferentes.

• Este princípio que indica a variação do valor dependendo da posição chama-se princípio posicional.

• Esta construção possibilita representar números elevados com o mínimo de números possíveis. Por exemplo: enquanto no sistema numérico romano DXLV expressa uma certa quantidade utilizando 4 símbolos, no nosso sistema representamos 545, expresso com apenas 2 símbolos. O último 5 representa uma unidade e o outro representa 5 grupos de cem (5 centenas).

– Extrapolação para culturas distantes

Os babilônios, os chineses e os maias foram os primeiros da história a poder representar qualquer número, por maior que fosse, por meio de uma quantidade bastante limitada de algarismos de base. Mas nenhuma dessas civilizações foi capaz de tirar proveito da descoberta fundamental. Foi na Índia que o sistema posicional moderno avançou. Inicialmente usavam uma numeração escrita muito rudimentar mas que já trazia uma das características do nosso sistema moderno: seus nove primeiros algarismos eram signos independentes. Por exemplo: o nove não se associava mais a quantidades de nove barras. Apesar de nove algarismos, inicialmente não se submetia a regras de posição. De base decimal, esta numeração repousava sobre o princípio da adição e atribuía um algarismo especial a cada um dos números.

Até que fosse desenvolvida a numeração decimal posicional ainda se passaram séculos. Apenas por volta do século V ela se configurou.

O grande mérito dos indianos foi de reunir características de vários sistemas (mesopotâmico, egípcio, chinês) num mesmo sistema numérico.

Os árabes difundiram o sistema indiano.

Numeração indiana decimal posicional segundo o registro do século IX.

– Extrapolação para o micromundo

Vocês já viveram uma situação em que estivesse presente uma dificuldade de comunicação devido a diferentes formas de valores atribuídos a pesos, moedas, quantidades, medidas?

Como vocês veem na realidade brasileira a relatividade dos valores relacionados à nova moeda?

6. A importância dos cadernos construtivistas

Os cadernos dedicados ao aluno procuram desenvolver textos participativos em que a criança ou o jovem, através do diálogo, jogos associativos e expressões simbólicas, ampliam as informações, saindo da postura passiva, mecânica e distante, diante da leitura.

Um fator de grande importância são os recursos utilizados para introduzir o aluno, de forma a sensibilizá-lo para o tema, integrando-o ao seu universo de interesses.

Os temas são desenvolvidos segundo as seguintes etapas:

1. Sensibilização para o conteúdo através de associações livres, humor, viagens de imaginação, articulando o conteúdo com os interesses do leitor.

2. Textos-ponte, que seriam as diferentes formas de entrar em contato com o conteúdo, explorando a intuição, sensação, sentimentos e raciocínio lógico. Estes textos utilizam os recursos da arte, como: obras de arte plásticas, charges, poesias, crônicas, letras de músicas e jogos desafiantes.

3. Articulação para o conteúdo formal, construindo as definições e organizando o pensamento.

4. Ampliação de informações com curiosidade, acrescentando de forma construtivista as informações mais clássicas ou tradicionais de conhecimento.

5. Sistematização do conteúdo explorado, desenvolvendo projetos, definindo conceitos sempre com uma proposta dinâmica, visando as articulações com a vida, com o quotidiano e com a atualidade.

Os cadernos têm como objetivo abarcar todas as áreas de conhecimento de 1ª a 8ª séries, para desenvolver os temas do conteúdo programático de forma dinâmica e construtivista. Mas eles só têm resultados efetivos se o professor considerar o projeto como um todo, desenvolvendo os temas integradores e as dinâmicas em sala de aula.

Objetivos dos cadernos por área

Ciências

– Trabalhar o significado de ciências e sua integração com a vida.

– Desenvolver o pensamento relativo em relação à ciência.

– Valorizar a integração do intuir, sentir, pensar e perceber, na construção da ciência e nas experimentações.

– Dialogar criticamente diante do mito da ciência (o pensamento relativo).

Geografia

– Trabalhar a amplitude do conceito de espaço geográfico.

– Integrar à noção de espaço físico o espaço psicológico e social.

– Trabalhar a relatividade do espaço.

– Ampliar a noção de geografia integrando a dinâmica psico-sócio-cultural com a física.

História

– Trabalhar o significado da história a partir do que observamos no quotidiano.

– Refletir sobre a relatividade das interpretações.

– Trabalhar as personagens da história com "troca de papéis", colocando-se no lugar dos mesmos e contactando com seus sentimentos e valores.

– Trabalhar dialeticamente com o tempo presente, passado e futuro.

Matemática

– Introduzir o significado de matemática na vida, trazendo-a para a história e estabelecendo sua relação com o social, o político e as necessidades do homem.

Língua portuguesa

– Trabalhar a gramática associada ao pensamento lógico e aos significados afetivos.

– Identificar a função gramatical na expressão criativa e na construção linguística.

– Ampliar os diferentes significados de uma função gramatical.

– Buscar o significado dos conceitos através da projeção de sentimentos e associações com personagens.

– Relacionar o conceito com as necessidades e com a vida.

– Trabalhar as interpretações e construções de textos, sensibilizando para o sentir, pensar, intuir e perceber a realidade interna e externa, integrando-as num todo.

7. Novas propostas futuras

As construções prosseguem, ampliando-se com as pesquisas cumulativas, aplicadas em diferentes escolas nos níveis de 1ª a 8ª séries.

Os projetos para o professor se transformam com a avaliação e criação dos mesmos, à medida que vivenciam e aplicam à sua realidade.

Quanto aos cadernos construtivistas, os alunos têm contribuído com suas próprias criações, reintegrando-as nas reedições posteriores.

A colaboração e o entusiasmo dos alunos nos animam para o aprofundamento destes projetos psicopedagógicos. Devido a este fato, concluiremos nosso relato com criações e comentários de jovens que participam conosco neste processo de aprendizagem:

– "Antes eu era confusa e achava a história e o português muito longe e distantes".

– "Hoje eu tenho consciência de que posso criar. A história ficou mais divertida. Hoje crio, faço poesias e acho divertido brincar com a gramática" (Gui, 12 anos).

– "Descobrir muitas coisas,
brincar com as palavras,
viajar na história,
pensar sem deixar de sorrir.
E assim conseguir aprender" (Lui, 14 anos).

Encerramos esta parte com uma poesia de uma jovem de 14 anos que não acreditava no seu potencial criativo e tinha dificuldades no expressar e interpretar a escrita.

Em processo de finalização de trabalho, Fla pede para colocar no livro a sua poesia, como avaliação do que viveu e do que conquistou através do trabalho psicopedagógico.

E agora eu vou andando...

No espelho agora me vejo.
No espelho agora consigo me ver.
No início desesperada
e sem caminho.
Sem caminho para caminhar.
Sem por que continuar.
Depois nasce uma vontade.
Nasce a minha liberdade.

O pano vai sendo puxado.
O panho vai me descobrindo
e me ajudando a levantar
e gritar, gritar bem alto:
CONSEGUI!

Consegui me descobrir.
Consegui me livrar desse pano.
Agora eu não me engano...
Agora eu vou andando...
Eu vou caminhando...

Flávia de S. Queiroz (14 anos)

Anexo:
Amostra de um caderno construtivista de geografia: O espaço geográfico

---

1º momento (capítulo 1): Sensibilização –
brincando com as
sensações do espaço

2º momento (capítulo 2): Ponte para o conteúdo
sobre espaço geográfico

3º momento (capítulo 3): Ampliação de informações

4º momento (capítulo 4): Aplicação do aprendido –
vamos usar a nossa
capacidade para pensar
criativamente sobre
espaço geográfico?

* * *

O ESPAÇO E O HOMEM

Como você se sente olhando a imensidão do universo? Alguns se sentem tão pequenos... Outros se sentem
curiosos diante do tamanho sem fim e dos mistérios...

As sensações diante dos espaços, grandes, pequenos, claros, escuros, fechados, abertos são muitas e diferentes. Vamos experimentar um pouco essas sensações?

Olhe este espaço e veja o que a personagem está falando.

Se você estivesse nesse lugar, como se sentiria? Existe algum espaço que você conhece e que lhe dá a mesma sensação? Fale sobre ele, das suas sensações e o que você gostaria e não gostaria de fazer nele:

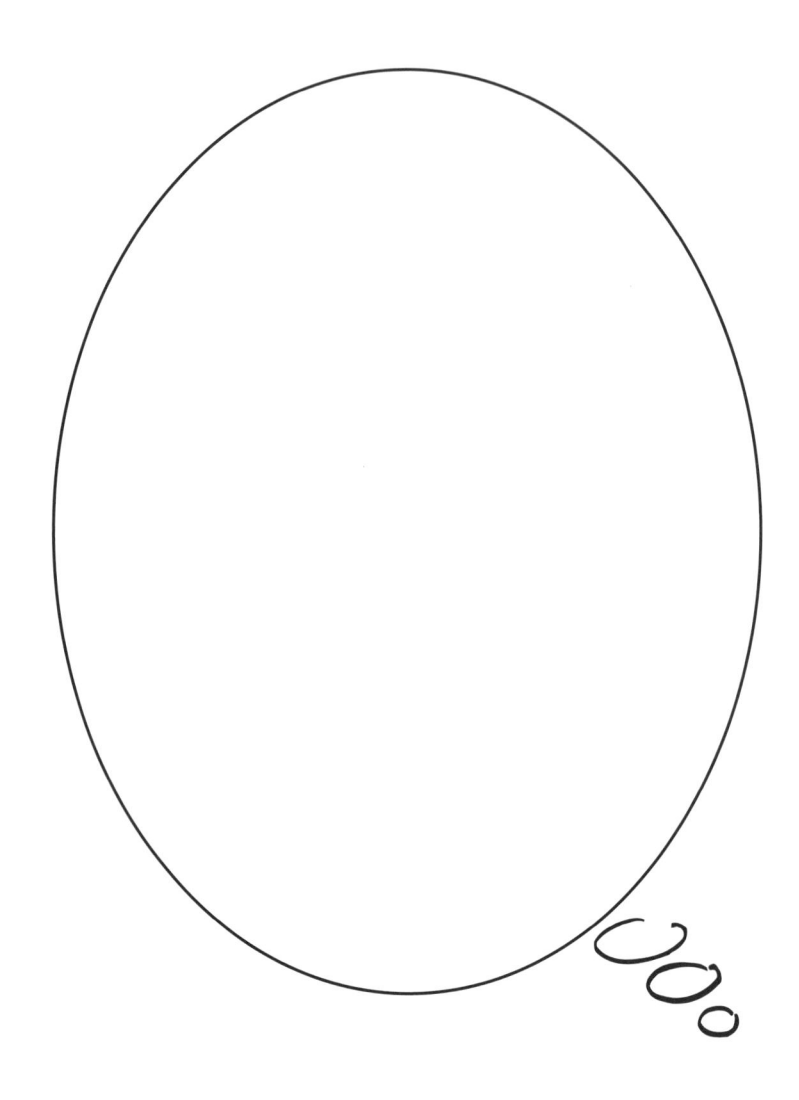

Olhe esta ilustração. Imagine que você está no lugar dessas pessoas... Como você se sente diante desses prédios gigantes?

Quais desses pensamentos se relacionam melhor com o seu sentimento?

Justifique a sua escolha:

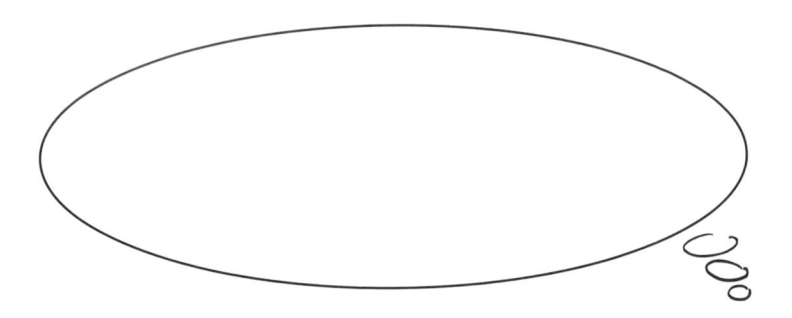

Como você se sente nesse espaço? aberto? fechado? livre? sufocado? fazendo parte do lugar? fora do lugar?

Escolha quais das palavras e expressões correspondem às suas sensações e acrescente mais um pensamento seu no balão abaixo:

Vamos continuar brincando com a imaginação?!

Tente entrar o máximo possível na ilustração abaixo... Imagine que você esteja no lugar desse menino... Que sentimentos e sensações você teria? Seriam iguais ou diferentes em relação à situação que descrevemos antes?

Imagine para onde o menino gostaria de ir se saísse deste espaço.

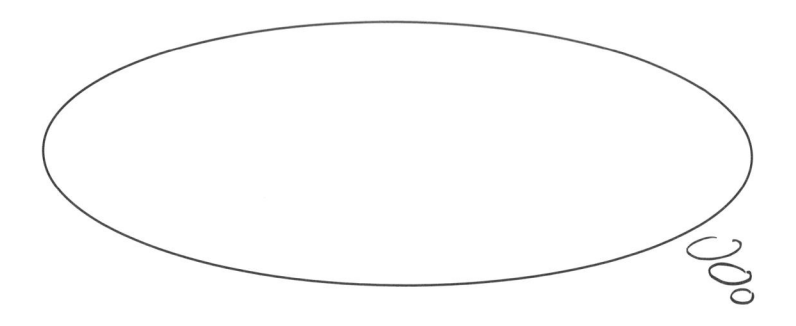

Agora vamos pensar juntos...

Você sabia que um mesmo lugar, um mesmo espaço pode fazer bem para uns e fazer mal para outros?... Ou que o mesmo espaço pode dar sensações bem contrárias? Veja estas casas e imagine alguém morando nelas...

Alguém pode dizer:

> É pequena, mas é gostosa...

Outros podem reclamar:

> Que casa apertada!
> Sinto-me sufocada e muito mal!

E você, como se sente num espaço igual a este?

Que tal pensarmos que todos os tipos de espaços são importantes, dependendo do que desejamos sentir e fazer?!

Um espaço pequeno pode ser bom se queremos o calor, o aconchego, mas o espaço grande também é ótimo quando queremos nos movimentar, espalhar as pessoas e as coisas.

Cecília Meireles fala dessas formas diferentes de olhar não só o espaço, mas tudo que nos rodeia, mostrando que tudo depende do que estamos dispostos a ver...

Arte de ser feliz

Houve um tempo em que minha janela se abria sobre uma cidade que parecia feita de giz. Perto da janela havia um pequeno jardim quase seco.

Era numa época de estiagem, de terra esfarelada, e o jardim parecia morto. Mas todas as manhãs vinha um pobre homem com um balde, e, em silêncio, ia atirando com a mão umas gotas de água sobre as plantas. Não era uma rega: era uma espécie de aspersão ritual, para que o jardim não morresse. E eu olhava para as plantas, para o homem, para as gotas de água que caíam de seus dedos magros, e meu coração ficava completamente feliz.

Às vezes abro a janela e encontro o jasmineiro em flor. Outras vezes encontro nuvens espessas. Avisto crianças que vão para a escola. Pardais que pulam pelo muro. Gatos que abrem e fecham os olhos, sonhando com pardais. Borboletas brancas, duas a duas, como refletidas no espelho do ar. Marimbondos que sempre me parecem personagens de Lope de Vega. Às vezes, um galo canta. Às vezes, um avião passa. Tudo está certo, no seu lugar, cumprindo o seu destino. E eu me sinto completamente feliz.

Mas, quando falo dessas pequenas felicidades certas, que estão diante de cada janela, uns dizem que essas coisas não existem, outros que só existem diante das minhas janelas, e outros, finalmente, que é preciso aprender a olhar, para poder vê-las assim.

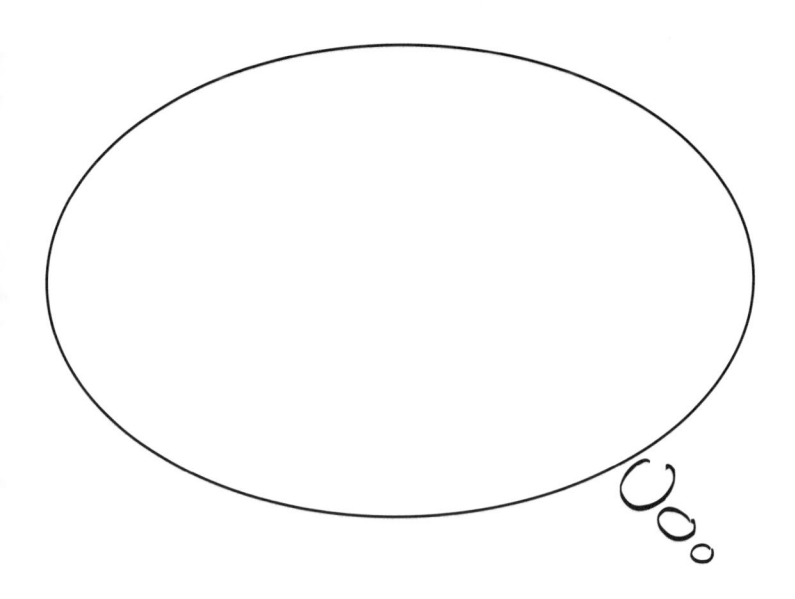

Refletindo sobre o que Cecília Meireles transmite, tente contar uma história sobre um espaço que era visto de forma diferente por várias pessoas, imaginando que estas personagens são jovens como você:

Bem, vamos falar agora de mudanças... Às vezes a gente pensa que o espaço nunca muda e que serve sempre para as mesmas coisas... Você acha que é possível transformar o espaço? Vamos ver o que responde Mauro Martins, através deste texto.

O quarto que virou circo

...Quarto de criança cabe de tudo.
Cabe bola, mala, trem de ferro – daqueles de verdade.
Cabe *forte apache*, parque de diversões, fazenda, bichos...
Cabe o que o dono do quarto quiser.
Até mesmo um circo.
O maior circo do mundo...

...Pode brincar e correr e rolar e subir
e pular e cantar e, se quiser,
pode até ficar quieta sem fazer nada.
Liberdade também é isso.
Na manhã seguinte Tonho acordou com novas ideias.
Eram tantas que seu quarto até ficou pequeno.
Era preciso pensar em alguma solução... e já.
O circo não podia parar.
Mas havia uma certeza:
enquanto houvesse espaço no coração de Tonho...

...Acho que os pais de Tonho nem vão saber
se ele resolver mudar de profissão.
Assim como não souberam que o maior circo
de todos os tempos funcionava dentro de sua
casa. Ao lado do quarto deles.
Dentro do coração de Tonho.

Você conhece algum espaço que gostaria de transformar, dando a ele mais funções? E a função que ele tinha antes, como fica?

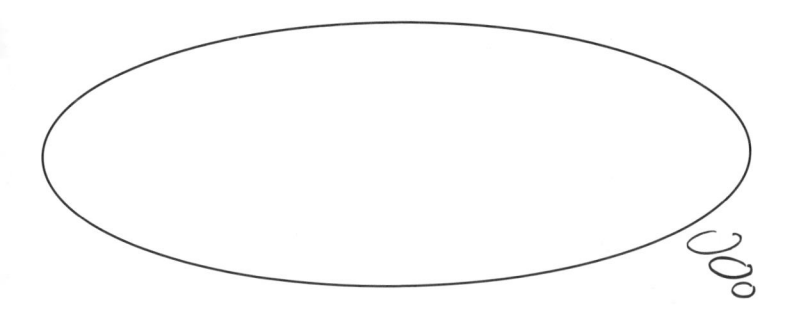

Se você pensar na história verá que o homem sempre está transformando e tentando conquistar novos espaços. As histórias das descobertas, das conquistas nos mostram isso. Mas, nessas transformações nem sempre o homem transforma o espaço de forma a se satisfazer nele. Às vezes destrói e desequilibra o seu meio buscando desesperadamente soluções...

Mas qual a saída?

Em alguns momentos o homem busca reconstruir, enfrentando os efeitos da sua ação e descobrindo uma forma de ser feliz...

Outras vezes foge dos efeitos destrutivos por ele provocados, nega a sua responsabilidade, abandona o desastre e vai procurar em novos espaços a sua satisfação. E esta busca nunca para, iludindo-se sempre com o novo e com as mudanças externas, sem mudar e fazer conquistas dentro de si mesmo.

Carlos Drummond de Andrade fala sobre estas questões:

O homem; as viagens

O homem, bicho da Terra tão pequeno
chateia-se na Terra
lugar de muita miséria e pouca diversão,
faz um foguete, uma cápsula, um módulo
toca para a Lua
desce cauteloso na Lua
pisa na Lua
planta bandeirola na Lua
experimenta a Lua
coloniza a Lua
civiliza a Lua
humaniza a Lua.

Lua humanizada: tão igual à Terra.
O homem chateia-se na Lua.
Vamos para Marte – ordena a suas máquinas.
Elas obedecem, o homem desce em Marte
pisa em Marte
experimenta
coloniza
civiliza
humaniza Marte com engenho e arte.

Marte humanizado, que lugar quadrado.
Vamos a outra parte?
Claro – diz o engenho
sofisticado e dócil.
Vamos a Vênus.
O homem põe o pé em Vênus,
vê o visto – é isto?
Idem
idem
idem.

...Restam outros sistemas fora
do solar a colonizar.
Ao acabarem todos
só resta ao homem

(estará equipado?)
a dificílima dangerosíssima viagem
de si a si mesmo:
pôr o pé no chão
do seu coração
experimentar
colonizar
civilizar
humanizar
o homem
descobrindo em suas próprias inexploradas entranhas
a perene, insuspeitada alegria
de con-viver.

Agora é a sua vez... Conte a sua história sobre as transformações do espaço narrando os comportamentos diferentes de várias personagens:

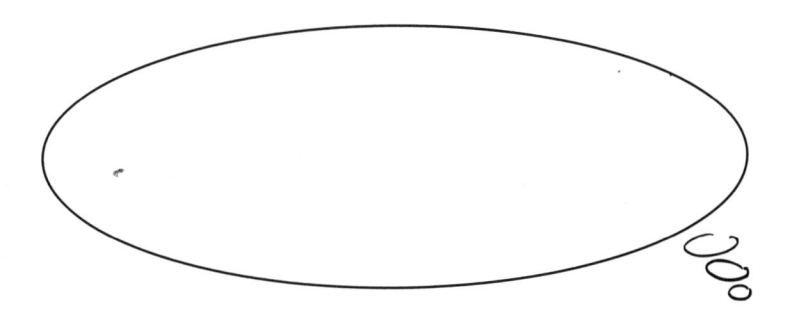

* * *

EXPLORANDO OS ESPAÇOS DO PLANETA
O ESPAÇO GEOGRÁFICO

Imagine que você estivesse pesquisando nestes espaços e entrasse em contato com todos os elementos presentes nesse meio...

Você sentiria a presença da natureza: ar, água, solo, rocha, fauna, flora, luz solar e muitos outros.

No contato com esses elementos da natureza você vai sentir o quanto eles são importantes para compor o meio ambiente.

De repente você encontra uma paisagem onde percebe a presença do homem...

Há anos atrás, quando você a visitou, era assim:

Agora ela se apresenta diferente.

O que aconteceu? Que fatores interferiram? Quais os recursos utilizados pelo homem para que ocorressem estas alterações? Você achou positivo ou negativo?

Como você pode ver, o homem age sobre a natureza para produzir o necessário para viver: moradias, cidades, plantações, fábricas etc.

Transformando a natureza, o homem cria o seu próprio espaço ou meio. Isto se chama *espaço geográfico*.

O espaço geográfico, portanto, é o resultado da ação humana sobre a natureza, modificando-a; é o meio em que vivemos. Homem e natureza são, portanto, os elementos fundamentais para a construção e formação do espaço geográfico, onde a humanidade habita. A atividade humana modifica constantemente este espaço. Por isso dizemos que o homem constrói ou produz o espaço geográfico.

Veja estas fotografias... São de uma cidade do Brasil... Você identifica?

O que elas nos mostram?

década de 50   década de 90

PEDROSO, Claudio & Elian Alabi, ANGULAR LUCCI.
Geografia, homem & espaço. Vol. 2.

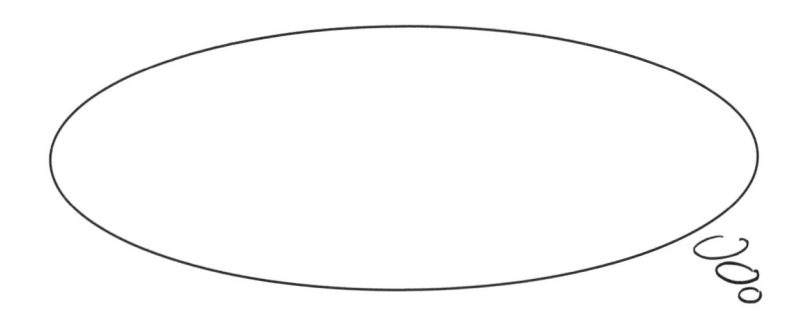

Continuaremos com a nossa pesquisa...

Haverá na Terra algum espaço totalmente natural onde não haja a interferência do homem?

Leia com atenção as informações abaixo para você deduzir se realmente existe no planeta espaços naturais que não são geográficos ou, em outras palavras, não apresentam indícios da interferência humana:

Através de radares e satélites fazem-se pesquisas nas áreas florestais inatingíveis com o intuito de explorá-los, como ocorre na Amazônia.

O que você conclui a partir destas informações?

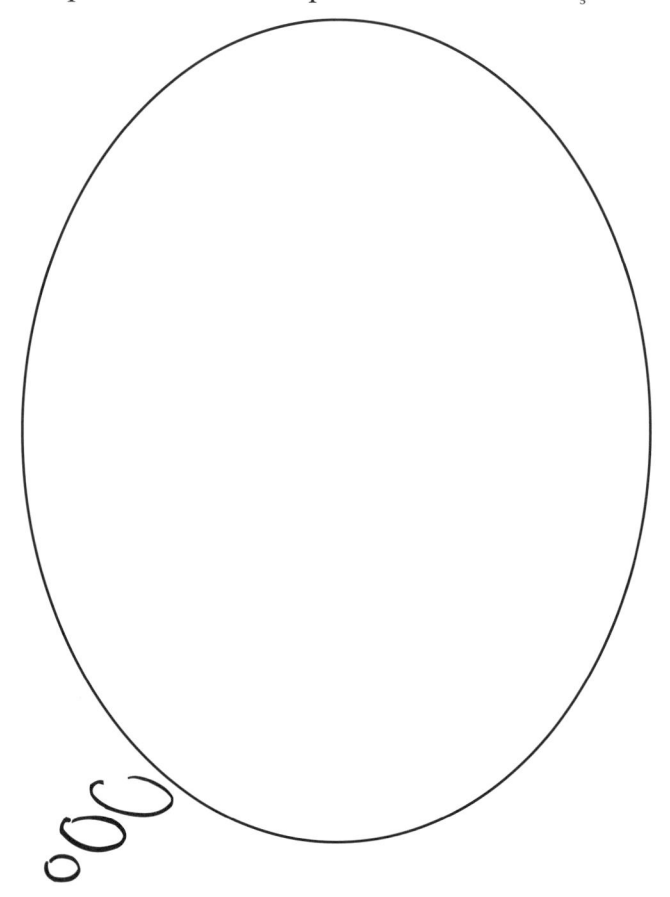

Como você constatou através das informações, a tecnologia do homem cresceu tanto que interfere em todo o planeta. Mas o que é tecnologia? Podemos dizer que tecnologia é qualquer objeto ou instrumento que o homem inventa ou utiliza para ampliar seu domínio sobre a natureza, desde um primitivo machado até um moderno computador.

Mas quais as consequências da tecnologia? Leia estas informações, raciocine e tente identificar os efeitos da tecnologia.

A descoberta de imensas riquezas no subsolo do Saara gerou um progresso que vem criando estranhos contrastes no interior do deserto, como é o caso da sofisticada iluminação a mercúrio na pequena aldeia junto ao oásis de Béni Abbès. Mas, apesar disso, o nômade continua a levar seu rebanho em busca de água ou melhores pastagens...

A sociedade moderna, também denominada sociedade industrial, modificou a natureza num grau nunca visto anteriormente. Uma tecnologia cada vez mais avançada amplia a cada momento o domínio humano sobre o meio ambiente: tratores removem grandes quantidades de terra ou derrubam matas, rios são desviados de seu curso natural, enormes barragens em rios criam imensos lagos artificiais, túneis cortam montanhas e permitem a passagem de carros ou trens, áreas antes pantanosas são transformadas em sólidos terrenos (LUCCI, Elian Alabi. *Geografia, homem e espaço*).

Efeito estufa é o superaquecimento da superfície terrestre. Ele é provocado pelo acúmulo excessivo de dióxido de carbono na atmosfera, que dificulta a liberação do calor que normalmente seria irradiado para suas camadas mais altas. A elevação da temperatura poderá provocar o derretimento das gelerias polares, ocasionando a elevação dos níveis das águas dos oceanos e, em consequência, grandes inundações em diversas partes do globo.

O efeito estufa é causado por agentes poluidores, principalmente o dióxido de carbono.

A liberação de certos gases utilizados em aerosóis e refrigeradores atinge uma camada atmosférica situada a mais de 30km de altitude, destruindo a camada de ozônio que nos protege dos efeitos nocivos dos raios solares.

O que você conclui sobre a importância da tecnologia para o espaço geográfico e suas consequências?

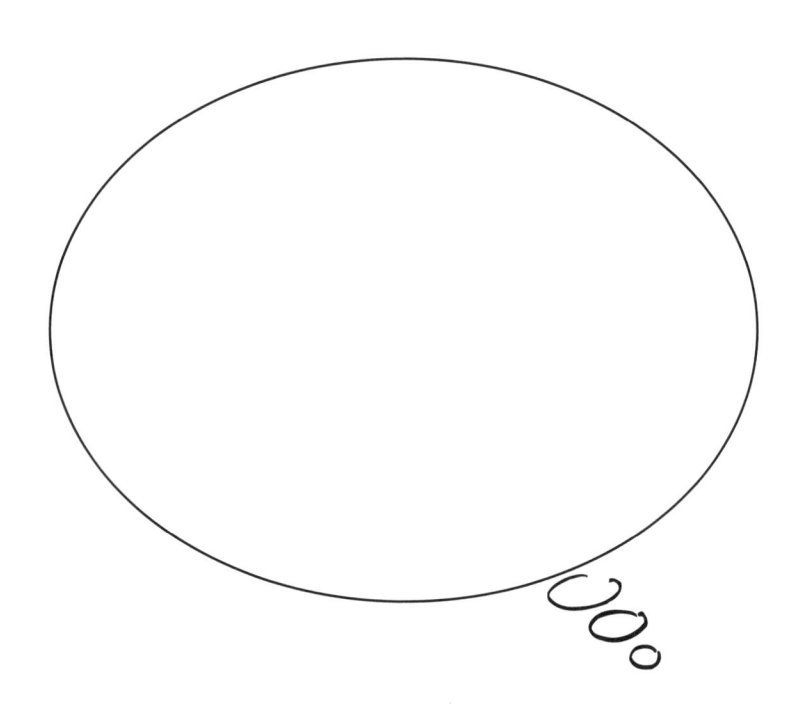

* * *

PESQUISANDO E AMPLIANDO INFORMAÇÕES

Você sabia que o espaço, assim como as pessoas, pode ter poder sobre os outros espaços?

Pois é, ao se transformar pela ação do homem o espaço pode se tornar muito poderoso e dominar outros menos poderosos.

Vamos entender melhor isto, recorrendo às informações publicadas.

O ESPAÇO GEOGRÁFICO É ORGANIZADO A PARTIR DAS CIDADES

As cidades formam redes urbanas que desempenham diferentes papéis e graus de importância, independente do número de habitantes que possuam.

Esta hierarquia depende das atividades ligadas ao setor de serviços públicos, de profissões (chamada setor terciário).

Graças à infraestrutura do setor terciário, a cidade é o centro de um espaço definido como sua zona de influência. Ela exerce uma atração sobre os habitantes de outras cidades comparadas com a ação do polo de um ímã; nesse caso dizemos que ela polariza o espaço com os deslocamentos que provoca; esses deslocamentos são chamados *fluxos*.

As cidades se ligam entre si por estes laços funcionais e organizam a vida regional no plano econômico, social e cultural; são identificadas como área de exercício de poder econômico e político (LUCCI, Elian Alabi. *Geografia, homem e espaço*, vol. 2).

Esta ilustração mostra a você como o mecanismo funciona.

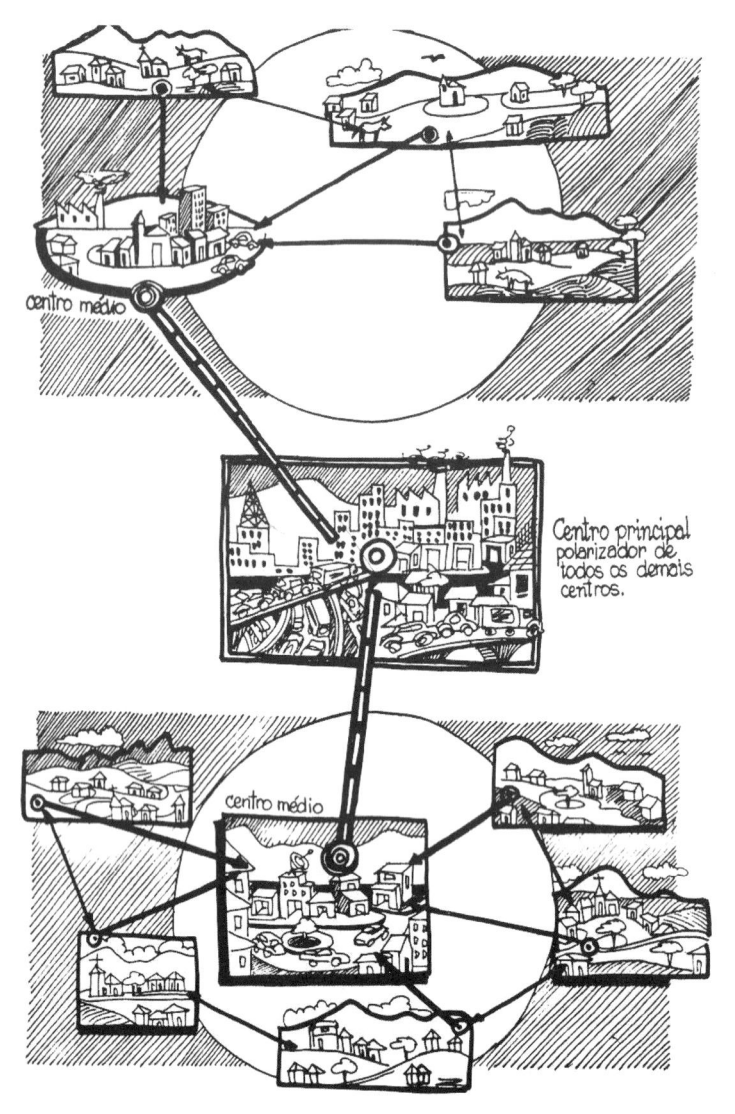

Mas como era a organização no passado?

Viajando nesta transformação do espaço vamos ao passado ver como ele era organizado.

No passado, o espaço se organizava de forma mais simples, espontânea e natural.

Um grupo de pessoas se reunia às margens de um rio e ia modificando de acordo com suas necessidades.

Ao longo da história encontramos exemplos em grupos sociais onde a ação humana age sobre a natureza para garantir a sobrevivência.

Até o século XVIII a ação humana não provocou transformações profundas na natureza.

O homem construía habitações, caçava, domesticava animais, recolhia frutos, derrubava árvores, porém mantinha-se um equilíbrio nas relações do homem com a natureza.

Somente a partir da Revolução Industrial (segunda metade do século XVIII) a natureza foi sendo profundamente modificada.

Atualmente a ação humana é acelerada e planejada, porém provoca graves problemas ao meio ambiente.

O planejamento se dá em nível *nacional* para promover melhor organização do país, em nível *regional* para orientar ou corrigir a organização do espaço em determinadas regiões, ou ainda em nível *local* ou específico de alguns setores, como por exemplo: transporte, saúde, educação, etc.

Entretanto, este desenvolvimento não se dá da mesma forma e ao mesmo tempo em todos os espaços e com todos os grupos sociais.

Existem povos que ainda vivem uma organização pré-industrial. Exemplo:

– os esquimós (no norte do Alasca, Canadá e na ilha da Groenlândia);

– os lapões (na Suécia, Noruega e Finlândia);

- os pigmeus (na floresta equatorial do Congo, no centro do continente africano);
- os bosquímanos (no Deserto do Kalahari, sul da África);
- os papuas (em Nova Guiné, Oceania);
- os aborígenes (na Austrália e na América do Sul, em especial na Amazônia).

Ampliando as informações vamos agora a um exemplo de transformação do espaço em que os cientistas e especialistas discordam sobre a ação do homem nele.

Os ecologistas costumam dizer que o desflorestamento e a agricultura sem planejamento mudam o clima da Terra e tornam áreas férteis em desérticas.

Recentemente esta visão foi questionada por cientistas da Nasa. Baseados em estudos e pesquisas com alta tecnologia, os americanos afirmam que, ao contrário do que se pensava, o Deserto do Saara, na África, tem diminuído de tamanho nos últimos dez anos. E parece que o homem não tem nada a ver com isso.

Efeito elástico
Nos últimos 10 anos, a fronteira do Saara apresentou variações. O mapa abaixo mostra essa oscilação

DESERTO DO SAARA

ÁFRICA

■ A variação do Saara entre 1980 e 1990

Naturalmente, afirmam os cientistas, em algumas regiões os pastores têm uma ação negativa utilizando a área de pastagem sem nenhum critério. Porém, a área de variação é tão grande e ocorreu tão rapidamente que não pode ser causada apenas pela ação do homem.

Para os pesquisadores americanos, o regime das chuvas tem um papel importante nas variações das fronteiras do deserto. Porém este estudo ainda está em andamento, visto que as opiniões sobre a regularidade do ciclo das chuvas nos desertos variam de 2 a 200 anos.

De qualquer modo, estas informações são importantes e tiveram eco até no Brasil.

O Inpe (Instituto Nacional de Pesquisas Espaciais) de São José dos Campos iniciou estudos sobre a Amazônia, os limites do desflorestamento, baseado nestas informações.

Por enquanto, nada é definitivo e provado, mas devemos ficar atentos para novas informações a respeito.

(Baseado na reportagem da
Revista Veja – 31/07/91)

Mas não existem casos comprovados em que a ação do homem está transformando o espaço e provocando um verdadeiro desastre ecológico?

Leia com atenção o que a *Revista Veja* (23/01/91) nos informa sobre o sertão soviético:

O Mar de Aral, no interior da União Soviética, está secando e os cientistas não sabem como evitar o desastre ecológico.

O Mar de Aral, o sexto maior lago do mundo, ocupava um território de 68.000 km², o equivalente a 180 baías de Guanabara. Desde que os programas de irrigação da lavoura começaram a utilizar as águas dos rios próximos ao grande lago salgado, ele começou a secar.

Hoje seu tamanho minguou para pouco mais de 100 baías de Guanabara.

O Mar de Aral (o sexto maior lago do mundo), localizado no deserto da República de Uzbequistão na URSS, está secando devido a décadas de agressões do homem.

É um verdadeiro desastre ecológico provocado por um projeto de irrigação para o plantio de algodão. Esse projeto é alimentado pela água de dois rios que alimentavam o Mar de Aral.

A cientista francesa Monique Mainguet, juntamente com outros 179 cientistas, estuda soluções para o Mar de Aral, a pedido do governo soviético.

O governo soviético foi irresponsável, pois além da seca há ação de toneladas de pesticidas (usados no plantio do algodão) que contaminam o ar respirado por 3 milhões de pessoas que vivem ali.

A poluição dobrou a mortalidade infantil, 90% das mulheres estão anêmicas; 70% das crianças têm problemas respiratórios e o índice de câncer no esôfago das pessoas daquela região é 6 vezes maior do que a média do país.

A falta de água doce no lago aumentou a concentração de sal, extinguiu mais de 30 espécies de peixes, entre eles a carpa e o esturjão (de cujas ovas se extrai o caviar), deixando sem emprego 60.000 pescadores.

O clima se transformou, a temperatura aumentou, as tempestades de areia são frequentes e o deserto avança.

Novamente podemos comparar este fato com a Amazônia brasileira. No Brasil, como na URSS, os projetos agrícolas e pecuários não têm cuidados com o meio ambiente e também resultam em desastres.

Os projetos para a colonização de Rondônia, desde o início dos anos 80, provocam desmatamento na floresta amazônica para implantar fazendas pecuárias.

Isto preocupa muito a comunidade científica mundial, pois a Amazônia, mais que o Mar de Aral, desperta a atenção no mundo todo.

Você já percebeu, por todas estas informações, que a transformação do espaço do planeta nem sempre se dá de maneira positiva em benefício do próprio homem.

A questão ecológica está em discussão no mundo todo e atinge todas as idades.

Egito... Rússia... Mas a Amazônia é que desperta maior atenção.

A Amazônia possui um verdadeiro tesouro suspenso.

O biólogo americano Donald Perry, da Universidade da Califórnia, descobriu que 2/3 das espécies animal e vegetal das matas tropicais vivem a 10 metros acima do nível do chão e muitas jamais descem até ele.

Perry, acostumado a escalar montanhas e voar de asa delta, usou de seus conhecimentos para criar uma cadeira elevadiça que permitiu que ele permanecesse pendurado em árvores gigantescas, deslizasse de uma para outra durante semanas inteiras, sozinho, fazendo pesquisas na floresta amazônica.

Fez descobertas importantes. Dividiu a floresta em três níveis: o chão, o médio e o superior.

Na faixa média ficam as copas menores e animais mais pesados como o tucano, papagaio, preguiça, orangotango.

Na faixa superior vivem animais como besouros, cobras, pequenos pássaros e um vegetal chamado bromélia, que é uma planta parasita que se fixa nos troncos e galhos das árvores tropicais, armazena água formando um brejo no ar, com animais, insetos e aves aquáticas, até rãs e sapos.

Perry afirma: "nos estratos superiores da floresta encontrei as comunidades vivas mais complexas que já apareceram no planeta".

(Baseado na reportagem da
Revista Veja – 24/07/91)

* * *

Vamos usar a nossa capacidade para pensar?

1. Associe esta ilustração com o tema espaço-transformação.

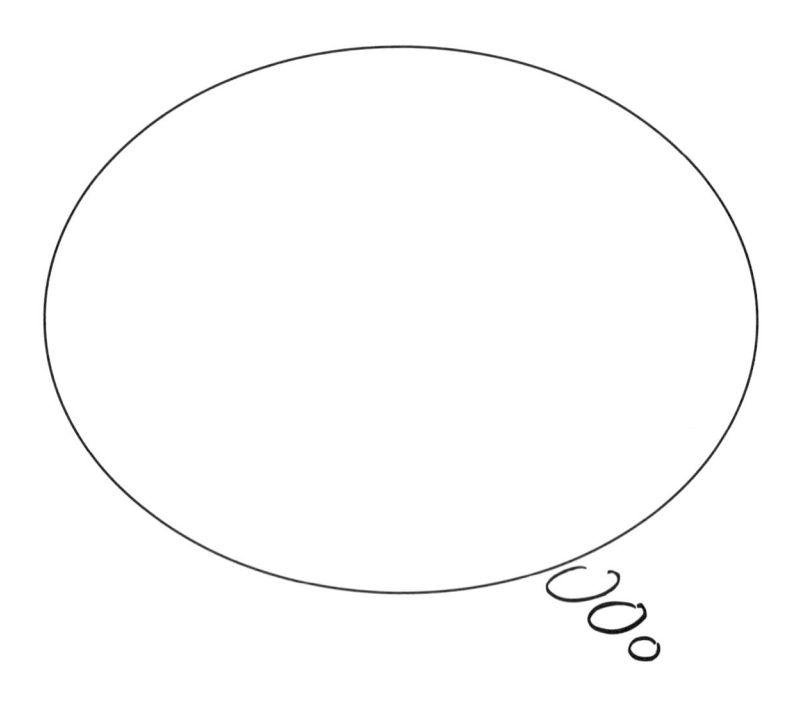

2. Crie um diálogo que diga respeito à próxima ilustração, incluindo espaço geográfico, tecnologia e transformação.

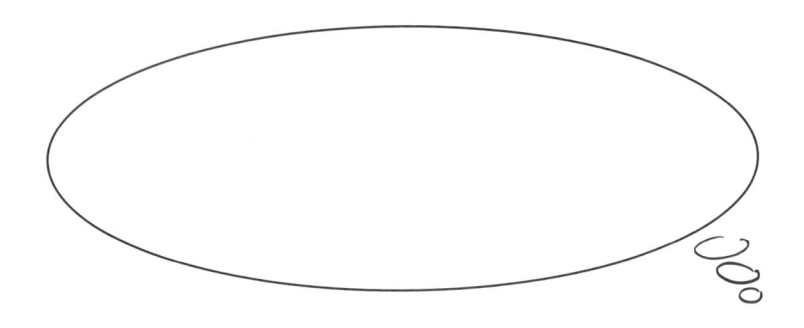

3. O que você relaciona com o espaço que conhece? Qual a sua opinião?

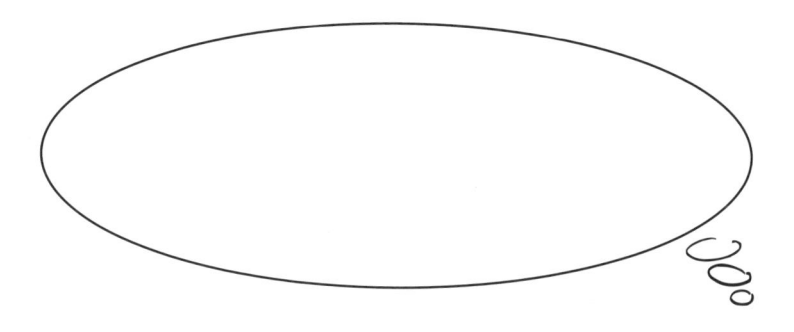

4. Atualmente fala-se muito do *efeito estufa*. Significa o superaquecimento que a Terra vem sofrendo nas últimas décadas. Pode ser comparado à estufa para aclimatação de plantas.

Observe e compare as duas ilustrações seguintes:

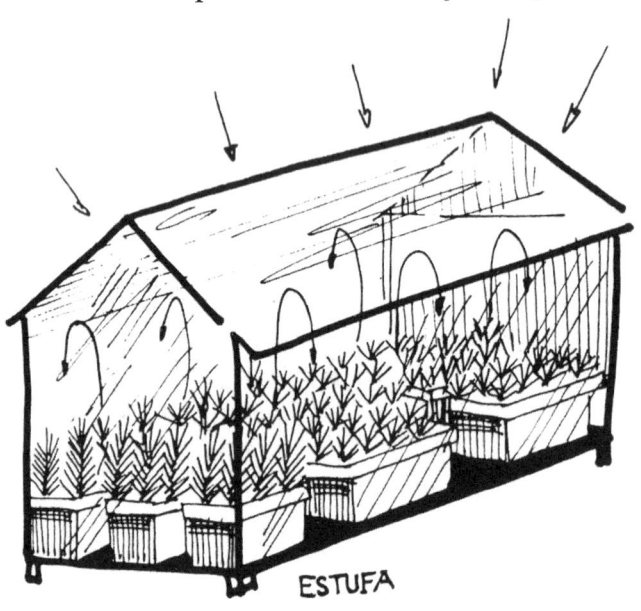

ESTUFA

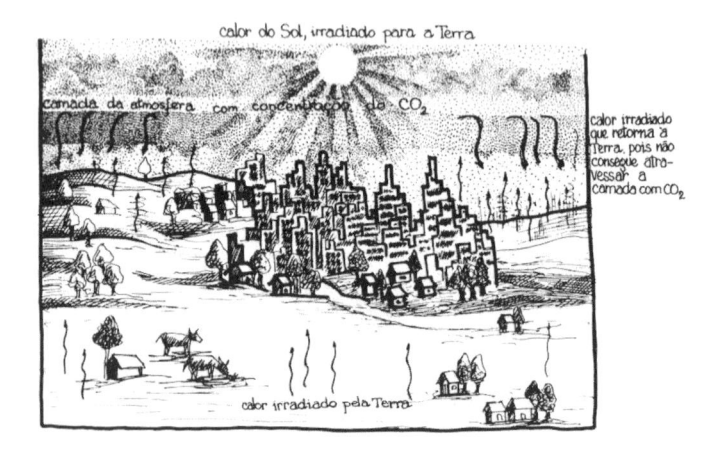

calor do Sol, irradiado para a Terra

camada da atmosfera com concentração de - CO_2

calor irradiado que retorna à Terra, pois não consegue atravessar a camada com CO_2

calor irradiado pela Terra

5. Imagine entre as cidades que você conhece situações parecidas com as da ilustração seguinte. Como se dão as relações entre essas cidades?

Conecte-se conosco:

f facebook.com/editoravozes

@editoravozes

@editora_vozes

youtube.com/editoravozes

+55 24 2233-9033

www.vozes.com.br

Conheça nossas lojas:

 www.livrariavozes.com.br

Belo Horizonte – Brasília – Campinas – Cuiabá – Curitiba
Fortaleza – Juiz de Fora – Petrópolis – Recife – São Paulo

 EDITORA VOZES

 — VOZES — NOBILIS

Vozes de Bolso

 Vozes Acadêmica

EDITORA VOZES LTDA.
Rua Frei Luís, 100 – Centro – Cep 25689-900 – Petrópolis, RJ
Tel.: (24) 2233-9000 – E-mail: vendas@vozes.com.br